NOS

VENDO PÓ...ESIA!

VENDO P

O'...ESIA!

RODRIGO CIRÍACO

PARA MALU,
MINHA POESIA CONCRETA

SOU UM ESCRITOR
DE ESTÔMAGO
FAÇO DAS TRIPAS
MINHAS LINHAS
DAS LEMBRANÇAS
MEU PRINCÍPIO
DO SANGUE
MINHA TINTA
DA PALAVRA
MEU PRECIPÍCIO

BIQUEIRA LITERÁRIA

Vendo pó.
Vendo pó...
Vendo pó...esia!

Vendo pó
Vendo pó...
Vendo pó...esia!

Tem papel de 10
Papel de 15, papel de 20

Com dedicatória do autor
Ainda vivo
Promete morrer cedo
Só pra valorizar a obra

Aliás, você:
Gosta de autores vivos
Ou nem dos mortos?

Vâmo lá, vâmo lá
Na minha mão é mais barato!

Prometo que vai
Com dedicatória e orelha
(calma!)
A do autor, não a alheia

Na nossa biqueira literária
Pó...esia é prato farto, mesa cheia

Deixar os malucos chapados
É nosso barato

Vendo pó.
Vendo pó...
Vendo pó...esia

Vendo pó.
Vendo pó...
Vendo pó...esia

"Mão na cabeça, vagabundo!
Encosta, encosta aí na parede.
Cadê? Cadê o pó?

Tem nada não, senhor. É só poesia...

Livro? Poesia? Você tá oferecendo
Pó... Poesia na rua, você tá tirando nós,
Você tá maluco?"

É, tio:
A casa caiu...

O pré-feito
Pré-conceito de ser pó-lítico
              (mal fabricado)
Não chapou no tró-cadilho
Quis dar uma de caudilho, senhor de engenho,
capitão-do-mato
– calma, rapaz: toma aqui esse baseado –

Em fatos reais:
Causou furdúncio, ficou bravo
Chamou guarda, polícia, jornalista, segurança
Só pra quebrar a banca,
armar barraco

Imagina: exigiu
alvará de funcionamento
Da biqueira!
      – que doidêra –

Cagou ordem, vomitou decretos
Citou: lei orgânica
        Perturbação da ordem pública

Destruição do patrimônio histórico
Código de postura do município
– que mentira, que bobeira –

Só pra destruir a nossa brincadeira
Nossa lírica zoeira, de gritar:

Vendo pó
Vendo pó...
Vendo pó...esia

E querem nos deixar apenas no

Cheiro pó
Cheiro pó...
Cheiro pó...eira

Que besteira
Nem me venha com
      Asneira
Meu produto é de primeira
Ninguém vai fechar
      Meu bico
        Nem minha biqueira

Sou traficante, sim!
Mas eu só:

Vendo pó.
Vendo pó...
Vendo pó...esia!

Vendo pó.
Vendo pó...
Vendo pó...esia!

NÃO QUERIA SER TRAFICANTE
QUERIA SÓ SABER MAGIA:
MEU MUNDO, SEM DROGAS
CHAPADOS, SÓ DE POESIA.

SEXO SEXO SEXO SEXO SEXO SEXO SEXO SEXO SEXO SEXO SEXO SEXO SEXO SEXO SEXO SEXO SEXO SEXO SEXO SEXO SEXO SEXO SEXO SEXO SEXO SEXO SEXO SEXO SEXO SEXO SEXO SEXO SEXO SEXO SEXO SEXO SEXO SEXO SEXO SEXO SEXO SEXO SEXO SEXO

ALL WE NEED IS

SEXO (rendered as large "LE" shape made of repeated "SEXO SEXO SEXO" text)

CONFUNDIU

                                          SARA

COM

                                          SAARA

VIVEU

                                    DESERTO

ELA EMBARCOU LEVANDO MEU NAVIO

EU FIQUEI A VER VAZIOS

O **DISPARO** FOI CERTEIRO

O FOGO ARDEU **NO PEITO**

O CORPO ESTENDIDO NO CHÃO

TROUXE A CONFIRMAÇÃO:

AMOR À PRIMEIRA VISTA

DERRUBA ATÉ **LADRÃO**

APRENDIZADO. APRENDIZADO. APRENDIZADO.

PALAVRAS NÃO SÃO SENTIMENTOS. PALAVRAS NÃO SÃO SENTIMENTOS. PALAVRAS NÃO SÃO SENTIMENTOS.

COMPORTAMENTO. AMOR É ATITUDE: COMPORTAMENTO. AMOR É ATITUDE: COMPORTAMENTO. AMOR É ATITUDE:

DESAVISO

Não sou um poeta
Eu sou uma farsa!
E como farsante
Conto verdadeiras histórias
Escrevo poemas
Pra castigar a memória
Glorifico os vencidos
Para macular a vitória
Não sou um poeta
Eu sou uma farsa!

Não sou um poeta
Eu sou uma farsa!
Preocupa-me sim
A rima, a métrica,
O verso, a técnica, a palavra,
Mas preocupa-me mesmo
É o SUJEITO!
Por ele até abdico
Da suposta pretensão de ser poeta
E me contento apenas com isso,
Com a farsa.

Não sou um poeta
Eu sou uma farsa
E como farsante, eu sou exigente!
Não quero saber do escritor, do poeta
Que não concilie sua palavra com a prática
Que não seja o artista-cidadão
Que ignore os preconceitos, a desigualdade,
A ética, o amor.
Não quero saber do escritor, do poeta
Que decrete o Fim da História,
Do meu Idealismo e de todas as
Ideologias.

                       Sem isso, o que sobra é punhetagem!

NEM O POETA
NEM A FARSA.

Canto Periférico

Periferia, Periferia...
Peri feria,
Não fere mais
Peri não causa mais azia
        Na burguesia
Quando essa ouve Racionais
Quando essa mente ainda mais
Ao dizer que todos os conflitos
        Raciais
            Classiais
                Sociais
Foram deixados lá, pra trás
No século que nem me viu
No séquito que diz que o Brasil
É o país do futuro
Mas eu pergunto: qual futuro?
Que fruto sobrou pro futuro?
Estará caído podre
Quando podia ser colhido
maduro?
Qual o furto feito no palácio
De um prédio nada escuro?

Quem roubou o meu passado?
Quem ainda nega o meu presente?
Alguém aí, sente?
Quem hoje denuncia esta gente?

Periferia, Periferia...
Peri fedia, dizem
Não fede mais
        Nem cheira
Hoje queima pedra,
        Crack
Na beira do Viaduto do Chá
Enquanto os herdeiros dos barões
do café
Continuam a se banhar
Nas margens do rio Tietê
Pô, será que você não vê
Que eles se mudaram pra Pinheiros
E gastaram muita construção
Pra justificar o dinheiro
De uma Ponte Estaiada
Que pra mim, na boa
        Não serve pra nada
A não ser expor o poder do capital
Esse animal que não sabe olhar
pra Peri

Periferia, Periferia
Perimetria disputada
Palmo a Palmo
Tapa a Tapa
Tiros: PÁ!
    De borracha
A dispersar a multidão
Que fechou a rua
Queimou pneus
Ofuscou a lua
Contra a reintegração de posse
E vem, os cão,
    Sem vacina
Em posse
    Da raiva
E vem, os cão, pra promover
    Mais uma chacina
Em posse da carta
    Do juiz
Que nos diz:
Que não se pode morar aqui
Que não se pode viver ali na
    Periferia

Periferia
    E fere
Meus sentimentos
Quando é que Peri vai crescer
E deixar este tormento?
Quando é que a periferia
Vai se tornar o centro?
Não apenas da atenção policial
Quando é que a gente vai deixar
as páginas
Do caderno social?
Quando é que a gente será
reconhecido
Pelo nosso valor
    Cultural
Pelo nosso valor
    Ancestral
Pelo nosso valor
    Sentimental?
Eu digo, Peri:
Tem que ser hoje
E quem sabe vai ser aqui
Na Periferia

PEDIR <u>MAIORIDADE PENAL</u> É FÁCIL... QUERO VER TIRAR O FILHO DA ESCOLA PARTICULAR E EXIGIR <u>ESCOLA PÚBLICA</u> DECENTE PRA TODOS, EM <u>QUALQUER LUGAR</u>

JUSTICEIROS

QUEM ACHA QUE USAR FARDA É SINÔNIMO DE JUSTIÇA DEVERIA SE LEMBRAR QUE OS NAZISTAS TAMBÉM ERAM FARDADOS

COERÊNCIA

o papel aceita tudo
da garganta
qualquer coisa sai

antes de acreditar
no que você fala,
escreve

vou observar
o que você faz

Estou farto da política comedida
Da política bem comportada
Da política partidária institucional com livro de ponto
expediente
       protocolo e manifestações de apreço à v. excelência
Estou farto da política que pára e vai resolver problemas
privados
       esquecendo-se do Público

Abaixo os individualistas

Todas as intervenções sobretudo as poéticas-terroristas
Todas as manifestações sobretudo as sinceras do coração
Todos os protestos sobretudo sobre o impossível

Estou farto da política de gabinetes
Paralítica

TICA

Raquítica
Pseudo Cansada
De toda política que capitula ao que quer que seja para proveito
$\qquad\qquad\qquad\qquad\qquad\qquad$ de si mesmo

De resto não é política
Será corrupção tabela de mensaleiros secretária amante
$\quad$ do tesoureiro exemplar morto para não falar demais
$\qquad$ obras superfaturadas e desvio de verba, etc.

Quero antes a política dos loucos
A política dos revolucionários
A política pungente e difícil dos revolucionários
A política dos poemas de Bertolt Brecht

– Não quero mais saber da política que não é **LIBERTAÇÃO!**

PRONOME POLÍTICO

EU

TU

ELE

NÓS

...

O RESTO FODA-SE!

ARTIGO 06

FINGE FINGE ... QUE QUE QUE ... FUNCIONA

CUIDADO COM CERTOS TAPAS NAS COSTAS

ÀS VEZES A PESSOA ESTA APENAS BUSCANDO O MELHOR LUGAR PARA DAR

UMA BELA **FACADA** .

SABOTAGE(M)

SÃO PAULO
É UM LUGAR
ESQUISITO:
SOBRE A RUA,
PROÍBEM-SE
POETAS
SOB A LUA,
LEGALIZAM-SE
HOMICÍDIOS

**SEPULTO
A JATO**

**LAVOU O CARRO
E MORREU
DE SEDE**

LANÇADA

CHANCE

LIVRO ABERTO

MENOS
UMA
MENTE FECHADA

ATA

**QUANDO O EXTRAORDINÁRIO
SE TORNA COTIDIANO
O ORDINÁRIO
É AINDA MAIS CRUEL**

VIVER É FÁCIL
A GENTE É QUE
COMPLEXO

INTERVALO DOLOROSO

É um livro de Fernando Pessoa? A angústia entre o acidente e o atendimento? É quando a palavra insiste em não escorrer da caneta? Ou seria a pausa no meio da rua para se escrever um poema? É a mãe que aguarda o filho à noite, sem o telefonema? Ou o viciado esperando o próximo esquema? Um tapa e outro? Um tiro no outro? É a espera entre a coxia e o palco? Ou a semana inteira sem ensaio? É uma reflexão? Um desabafo? Um grito mudo que não se permite calado? É uma certeza ou uma dúvida? Uma angústia ou uma dádiva? Resposta ou pergunta? Cremado ou Enterra? Braço estendido ou tapa na cara? Fome zero ou Direito? Artigo Constitucional número 06? Ocupação ou Invasão? Direito Social ou Propriedade? Revitalização ou Higienização? Sonho ou Realidade? É acordar no meio da noite para escrever este texto? Loucura ou Ansiedade? O beijo amigo? A véspera do escarro? O amor que não chega? Seu não telefonema? Prisão sem sentença? Corpo na doença? São os anos de cadeia? Soro positivo e à espera? Da cura? Da Morte? Da espera? É transar com ou sem camisinha? É viver sem os avós? Perder pai? Perder mãe? Estar de passeio, não de passagem? Dizer ou Calar? É aguardar uma oportunidade? 06 meses na busca de um emprego? 51 dias como técnico bancário? É o livro? Aguardar um filho? Família sem o Will? É o Adeus? A criança sem escola? O poeta sem a caneta? Edílson sem a bola? Alif sem Felipe? É o meu pensar sobre Deus? Ou além Dele? São os poemas de Bertolt Brecht? Carlos Drummond ou Affonso Romano de Sant'Anna? Marcelino Freire? É ver o corpo boiando no asfalto? O sofrimento do Sr. João? São os dias sem a comida da mainha? Rua ou Albergue? Luta ou a falta? Pinta ou rasga? É um desejo suicida? A espera da Revolução? Evoluir? É a ausência de Che? Paulo Freire? Olga? Marighella? Renato Russo ou Cazuza? É a ausência dos meus Amigos? São as minhas férias? Os meus dias sem aula? Sem Aluno? É não conhecer Clarice? Estado de Graça? O ovo ou a galinha? Nieztche ou Sartre? Tudo ou Nada? Céu ou Inferno? Aqui? Certeza ou Espera? Comodismo ou pergunta? Morte ou a Vida?

EU CHORO POR VER UM MUNDO
EM PERMANENTE DESTRUIÇÃO,
E POR NÃO SABER MUITAS VEZES
COMO
CONTAR ÀS PESSOAS
QUEM E O PORQUÊ
ESTÃO FAZENDO ISSO.

A BANALIDADE E A
IGNORÂNCIA
PARECEM SOBERANAS
A TODOS NÓS

SOLDADO DE UMA GUERRA CIVIL
– NÃO DECLARADA –
TRAGO UMA BOCA DE FUZIL
COM RAJADAS DE PALAVRAS

PENA QUE ALGUMAS VEZES
MINHA VOZ EMUDECE, SE CALA
NO CAMPO, SOBRAM CORPOS
NA BOCA, FALTAM BALAS

CRU OU COZIDO

VESTIDA DE FARDA
OU FARRAPO
A BALA NÃO TEM ALMA

NEM DILEMA!

VAI DE CORPOS QUENTES
A GAVETAS FRIAS

OUTROS 500 O QUE CHAMAM DE DESCOBRIMENTO EU DOU POR INVASÃO. O QUE CHAMAM DE CONQUISTA EU DOU POR DESTRUIÇÃO. O QUE CHAMAM DE ENCONTRO EU DOU POR EXTERMÍNIO. O QUE CHAMAM DE CIVILIZAÇÃO EU DOU POR LATROCÍNIO. O QUE CHAMAM DE RELIGIÃO EU DOU POR UMA DESCULPA. E O QUE CHAMAM DE TRAGÉDIA EU DOU POR NOSSAS VIDAS.

NOTÍCIAS POPULARES

ALUNOS CHORAM,
SE REVOLTAM
E PROTESTAM CONTRA
UM CRIME:
NÃO APRENDERAM A LER E
ESCREVER NA ESCOLA.

O PROTESTO ACONTECEU
NA ZONA LESTE
NA ESCOLA ESTADUAL
DR. GERALDO,
NA QUINTA SÉRIE, DURANTE A
PROVA BIMESTRAL DE HISTÓRIA.
ALGUNS ALUNOS CIRCULARAM
PELA SALA,
AMASSARAM
ENTREGARAM
E PEDIRAM DE VOLTA SUAS
PROVAS.

DURAS PROVAS.

O PROFESSOR TENTOU
INCENTIVÁ-LOS
VALORIZANDO-OS COMO
SUJEITOS EM PROCESSO
DE FORMAÇÃO E
DESENVOLVIMENTO:
CONVERSOU, SENTOU AO LADO,
TENTOU AJUDÁ-LOS.

FOI XINGADO, OFENDIDO
DESCOBRIU QUE FALAR DE
AUTO-ESTIMA
SERVE PARA QUEM A TEM
NESTES MENINOS
QUASE MAIS NÃO EXISTIA.
PALAVRAS VAZIAS.

PELO MENOS SEIS ALUNOS
E O PROFESSOR SAÍRAM
GRAVEMENTE FERIDOS.

O CASO FOI LAVRADO E
REGISTRADO
NOS AUTOS DE SEUS CORAÇÕES
E NESTE POEMA.

NINGUÉM SERÁ PUNIDO!

No hospital público, as filas

(c)ordeiros de única sina

a caminho da carnificina

No corredor, corpos

acumulam-se feito porcos

no aguardo do abate/dor

Nas paredes frias

palavras vazias

me provocam revolta e desalento:

NÃO FUME

DESACATO SE PUNE

(morra em) SILÊNCIO.

TODO POETA É
UM TRAFICANTE EM POTENCIAL

SEM PERMISSÃO, PASSA
SUA DROGA MAIS PURA:

O POEMA ILEGAL

EFEITO MORAL

    BOMBA.
      EXPRESSIVO ARTEFATO EXPLOSIVO
       QUE SE DIZ INOCENTE
        DE TODAS AS ACUSAÇÕES DE MORTES E FERIMENTOS
         PROVOCADAS POR SUAS EXPLOSÕES E ESTILHAÇOS.
        AFIRMA RESPEITAR
        A CONDUTA E INTEGRIDADE FÍSICA
       DE TODOS OS MANIFESTANTES
       AGINDO APENAS
       MORALMENTE
       PARA GARANTIR A CONTINUIDADE
       DA PACÍFICA ORDEM
     E DO VANTAJOSO
     PROGRESSO.
     SEM INDICAÇÕES DE EFEITOS COLATERAIS.
   DIZ-SE SER TÃO INOFENSIVA
QUANTO LER UM POEMA!

NOTÍCIAS DO BRASIL

Despejo na Favela do Gato
450 famílias vão parar na rua
Sem teto, sem roupa, sem auxílio,
Sem nada

PM agride mãe com criança no colo
Guarda Civil dispara bala de borracha
na cara
de adolescente de doze anos
Desarmado
Alega legítima defesa

Moradores em protesto fecham avenida
Queimam pneus, colchões, madeira
Braços dados em torno da fogueira
Chamam a atenção para a imprensa

Que comparece ao evento,
do alto do helicóptero
e a todos anuncia:

**FAVELADOS TUMULTUAM TRÂNSITO
NA PRINCIPAL AVENIDA**

NOTÍCIAS DO BRASIL

INCÊNDIO NAS FAVELAS NÃO VIRA CRIME NO BRASIL PORQUE POLÍTICOS E EMPREITEIRAS TÊM IMUNIDADE DE PAVIO

CRIANÇA DE TRINTA

I
Sarah ontem estava diante do Juiz
numa Audiência Pública
sentou, andou, conversou e brincou
Com seriedade e sinceridade
Enquanto homens e mulheres
Sérios e sinceros
Discutiam sobre suas vidas.
Duras vidas, sofridas,
Marcadas por lutas, privação,
Solidariedade, sofrimento e Ocupação.
Sarah brincante, irradiava.

Sarah vibrante, cantava:
"vai ter luz, vai ter luz, vai ter luz"
Quando o defensor público anunciou
Sobre a possível visita do sr. Eletropaulo
que devolveria a uma Ocupação da cidade de São Paulo
a roubada luz,
água,
banho quente,
educação,
respeito, dignidade e consideração.

II
2000 pessoas
468 famílias
300 crianças,
vários recém-nascidos
sem direitos garantidos.

Não estamos em Palmares
O ano não é 1690
Não estamos no Sertão
Apesar das semelhanças

Estamos na selva de Pedras,
De corações empedrados.
Estamos no Centro da cidade
Sitiados e Ocupados.
O ano é 2006
Edifício Prestes Maia não é Palmares
Mas "Zumbi Somos Nós"
E será, enquanto

2000 pessoas
468 famílias,
300 crianças,

vários recém-nascidos
não tiverem seus direitos garantidos
a lei diz que não são filhos de escravos
à escravidão da miséria e da privação,
não serão submetidos

III
Sarah ontem na Audiência Pública parou de brincar,
– chorou –
O que doeu não foi a bronca da mãe,
Mas, talvez a lembrança de que há três anos
Ela e sua família
Sofrem com a mesma sina
Ameaças
Pelo despejo
Pelo empresário
Pela prefeitura

Sentida, sentou no colo amigo e lembrou que já viu
Reviu e previu caixas empacotadas
Roupas embrulhadas e o desesperado olhar da mãe
Com a possibilidade de ser despejada.

Em três anos
Sarah já perdeu amigos
Ficou sem água, sem banho quente,
Ficou sem escola, rosto molhado,
Ficou sem luz.

Sarah é criança
Não guarda rancor,
Bastou segurar uma máquina fotográfica
‹CLIC›
"Legal, tio…"
Para aplacar a sua dor.
Sarah é criança
Tem apenas
Quatro anos de idade
Impressionante:
Já viveu mais do que muitos
Adultos de trinta.

~~NA VIDA, MELHOR SERIA MAIS RISADA E MENOS PALHAÇADA MAIS PEIDO E MENOS CAGADA MAIS LUZ E MENOS ELETROPAULO NA PARADA~~

DO PÓ (ORDEM FÊNIX)

ESTOU DE JOELHOS, AS MÃOS SOBRE O ROSTO.
MEU CORPO FERIDO E BANHADO COM MEU PRÓPRIO VINHOSANGUE.
MEUS INIMIGOS SORRIEM, ME JULGAM VENCIDO.
NÃO SABEM QUE ESTOU ME PINTANDO PARA A GUERRA.

UM POR TODOS O PAPO É RETO E NÃO FAZ CURVA NOSSOS SONHOS, A GENTE BUSCA, LUTA, CONQUISTA DIFICULDADES? SEMPRE EXISTIRAM. SEMPRE EXISTIRÃO. E NÓIS? RESISTIMOS. RESISTIREMOS. JUNTOS. SÓ ASSIM SOMOS FORTE. SÓ ASSIM CONQUISTAMOS. SÓ ASSIM DIGNAMENTE SOBREVIVEMOS. COM UMA CERTEZA: NÓIS CAPOTA MAS NÃO BREKA. NÓIS ENVERGA MAS NÃO QUEBRA E ENQUANTO TIVER BAMBU, TEM FLECHA. TENDEU? SÚMEMO. PODE PÁ QUE É NÓIS QUE TÁ. **TODOS POR UM**

QUE BARATO LOKO

QUEM DIRIA:

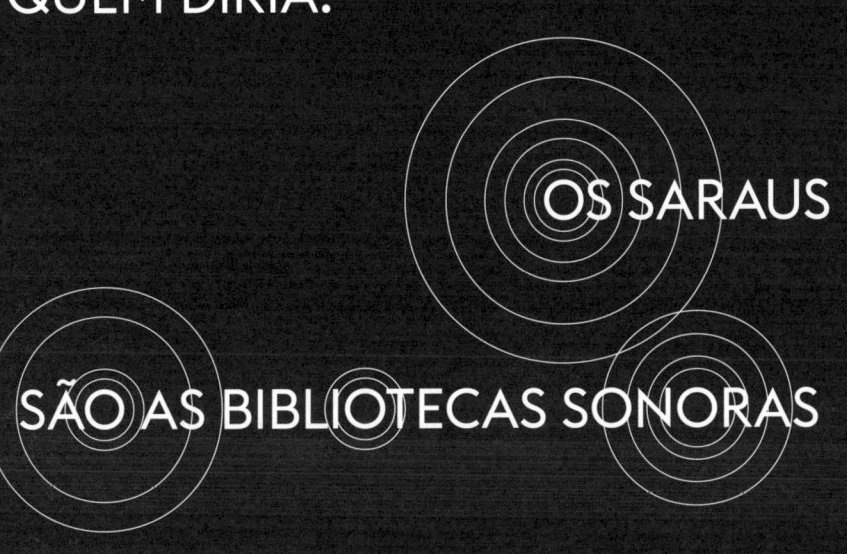

OS SARAUS

SÃO AS BIBLIOTECAS SONORAS

DAS PERIFERIAS

CANSEI

GOSTO
DE PROTESTO
QUE INCOMODA

SE NÃO,
VIRA ATO/DESFILE
MANIFESTO FASHION WEEK
MODA

LEITURA LABIAL

ACHOU O LIVRO BOM PRA CACETE

MESMO NO ÔNIBUS NÃO RESISTIU:

FECHOU COM DELICADEZA E SUAVEMENTE

INTRODUZIU ENTRE AS SUAS PERNAS

RECICLAGEM

VIDRO

AÇO

ALUMÍNIO

PAPEL

PLÁSTICO

3×4

AMOR

RECADO

MEU CABELO É LINDO
MEU CABELO É CRESPO
MEU CABELO É ENROLADO

MEU CABELO NÃO TEM SUJEITO
NÃO PRECISA "SER BOM, SER RUIM"
MEU CABELO BASTA ESTAR LAVADO

AFINAL, PRA QUE SERVE O CABELO
ALÉM DE FICAR PENDURADO
NA CABEÇA ENFEITADO?

MEU CABELO
NÃO PRECISA SER JULGADO
NÃO PRECISA SER FORÇADO
NÃO PRECISA SER MUDADO

ALÉM DA MINHA COR
ALÉM DO MEU CORTE
ALÉM DO MEU PENTEADO

MEU CABELO TEM VOLUME
FAZ BARULHO, ALTO, COM LONGAS TRANÇAS,
LONGOS CACHOS, LONGAS MADEIXAS
OU NO ESTILO BLACK
REFORÇA O MEU PASSADO

MEU CABELO TEM HISTÓRIA
MEU CABELO TEM MEMÓRIA
MEU CABELO TEM JEITO PRÓPRIO
NÃO PRECISA SER NEGADO

SIM, MEU CABELO É BONITO
MEU CABELO TEM RAIZ
CRESPO, ENROLADO, COM CACHOS
AO NATURAL, É BOM, É BONITO
RUIM É QUEM ME DIZ

MEU CABELO É ORGULHO, ANCESTRALIDADE
NÃO SE CONTRADIZ.
NÃO ACEITA MAIS SEU PRECONCEITO
NEM SEU COMENTÁRIO INFELIZ

QUERO QUE SUA GENITÁLIA GANGRENE, APODREÇA E

CAIA!

(DO DESEJO AOS HOMENS QUE NÃO RESPEITAM MULHERES POR USAR DECOTE, CALÇA JUSTA OU MINI-SAIA)

PULOU DE CABEÇA

SÓ NÃO SABIA

QUE O CORAÇÃO ALHEIO

ERA UMA PISCINA

VAZIA

VANDA

LISMO

É MANDAR O POVO

TOMAR

NO SUS

ESCOLAS SÃO GAIOLAS ONDE APRENDEMOS: SER OBEDIENTES, ANDAR EM FILAS E A CORTAR AS PRÓPRIAS ASAS

7 × 1

Ontem na rua
Vi Edílson puxando
Uma carroça.
O corpo franzino
Suava
Para dar conta
Do excessivo peso
Que sustentava.
Acompanhava a irmã
Que também puxava uma carroça
Sofrida
Pesada.

Edílson,
A carroça,
A rua,
Sua irmã.

Lembrei-me de quando
Conheci Edílson
Tempos atrás.
Centro de São Paulo
Vale do Anhangabaú.
Eu, tinha "status"
Educador Social.
Ele, menino de rua
Referência marginal.

Garoto bom de bola
A primeira vez que conversamos
Cheirava cola.
Normal...
A cola
Na rua
É o que dá liga,
Segura um pouco
A situação.
O chão amanhecido,
O pão duro,
A vida sofrida.

Edílson,
A rua,
A cola,
Sua irmã.

Edílson não tinha pai
Talvez padrasto.
Antes da rua
Morava com a mãe
E as irmãs
Num pequeno barraco.
Garoto,
Sempre demonstrou
Ser muito gente boa.
Chegava,
Trocava uma idéia,
Brincava e
Algumas vezes
Desenhava.
Mas o seu negócio
Era a bola!
Tinha técnica,
Tinha fome,
Tinha raça.
Edílson,
Com a redonda,
Era pura graça,
Sorriso garantido
Estampado Na cara.

Edílson,
A bola,
A rua,
Sua irmã.

Poucas vezes a sociedade
Edílson Enxergava.
E quando o via,
se entristecia,
xingava,

ou só comentava:
"coitado
lá vai mais um
menor abandonado."
Nadando contra a maré
Pra não virar estatística,
Edílson não era coitado
Muito menos resultado
Do abandono da família.
Seus problemas eram
Outros, talvez

A mãe doente
O emprego que falta
A comida que é pouca
O barraco apertado
O remédio desfalcado
A desaparecida oportunidade
O nunca Respeito

Edílson
A rua,
A miséria,
Suas irmãs.

Alguns pensavam
Que Edílson na rua
Era fuga.
Eu via neste adolescente
E em muitos outros meninos
Tão diferentes
De situações
Tão semelhantes
Verdadeiros guerreiros

Chutavam o pau do barraco
Furavam o cerco
E de um sofrido apartheid
da periferia ao centro da cidade

Vinham expor a crua realidade
da miséria triste de nossas tristes
    verdades.

Edílson,
Os meninos,
Nas ruas,
Us guerreiros.

Rever Edílson
A carroça,
A rua,
Me fez pensar.

Eu, agora professor
Antes Educador social,
Na rua
Ou de carro
Sempre teria
"status".

Edílson, sempre Garoto,
Agora de carroça
Ou na rua
Sempre seria
Marginal.

Que porra Edílson
Cadê aquela chance
Que é só tua?
Redonda como a bola
Brilhante como a lua?
Foi gingada, suada, driblada,
    perdida?
Foi roubada?
Cadê? Cadê Edílson?

Rever Edílson
sua carroça,

a rua,
Me fez pensar:
O que fizemos por ti Edílson?
Foi tão pouco.
O que você fez por nós?
Foi muito.

Edilson não sabia
Mas a condição de sua vida
No sistema capitalista
Virara mercadoria
Ele, valia mais que eu:
Dava emprego
Dava salário
Plano de saúde,
Casa e para alguns
Até carro
Tudo o que ninguém
Lhe deu

Rei,
sustentava
Empresas rainhas
Bispados de ong's
Torres de diretores
Alguns cavalos
E peões educadores.
Edílson era plebeu.
Rei,
carregaria carroças,
Estigmas
E uma frutífera
E lucrativa indústria
da miséria,
na cola
Ou nas costas
Não importa.

Edílson rei,
Sem nunca ter sido coroado,
Sem lotes,
Sem propriedades,
Apenas um objeto
exposto
A ser explorado.

Edílson,
Garoto de rua
Ou de ouro?
Vale milhões para as ongs,
Milhares para seus diretores,
Reais para os educadores
Sem receber nenhum centavo.
E olha que distribuir a renda
É o que se precisa.

Edílson,
Patrocinador oficial
Da indústria da miséria,
De muitos confortos,
Deste poema,
E do muito pouco
Que tem recebido:

A pobreza,
A doença,
A fome,
A cola,
A bola,
A rua,
A carroça,
Suas irmãs.

D E S
E J O
Q U E
V O Ç
Ê P A
R E E
M E R
E N T
E A O
E S P
E L H
O E A
J E I
T E A
Ç O N
S S I
Ê N Ç
I A N
Ã O Ã
P E N
A S O
Ç A B
E L O

manifesto clandestino quero uma geração que lute com unhas, livros e sementes. que mostre a que veio, pixando muros com o que sente. escrevendo poemas. cartas entregues à mão. que tenha atitude, postura. acima de tudo: coração. quero estar junto de quem saboreia as coisas com vontade. lambuza a cara e sorri, independente da idade. quero quem faz as coisas com a alma. sinceridade. quem se arrisca tão gostoso, tão intenso, que deixa os outros com inveja. liberdade. eu quero pessoas que me surpreendam. clandestinas. quero as dúvidas e incertezas. para sempre me questionar, não engolir qualquer besteira na vida. de bom tom, de bom grado. quero caminhar ao lado de quem tem fome. não se sente saciado, anestesiado. quero gente que tem apetite pra lida. não aceita qualquer coisa. não aceita qualquer ferida. aliás, quero gente machucada. calejada. mas nunca acomodada. bate cabeça, cai; levanta e continua. na caminhada. dança fora do ritmo mas nunca perde a batida. da parada. eu quero gente que não tem medo de dar topada: errar na gramática. desafiar a lógica matemática. encenar a dor – e o amor – sem nunca ter feito teatro na prática. eu quero quem não se submete ao cômodo, ao conforto. não aceita ser um qualquer, só mais um corpo. oco. quero pessoas que tentem sempre multiplicar o que é bom, o seu gosto. quero crianças em estado de graça. jovens, adultos, idosos ocupando com arte saraus, escolas, parques e praças. eu quero pessoas perdidas, mas preparadas para ação. eu quero estar ao lado dos engajados, daqueles que promovam a realização. dos que propagam a fé. em nós. eu quero caminhar junto de quem tem sede de voz. quero pessoas que não tenham medo de serem algumas vezes covardes. que chorem, gritem. peçam ajuda com alarde. e humildade. quero pessoas que sejam amigas de verdade. um pouco amargas, mas que saibam pedir açúcar ou mel, pra adoçar nosso futuro, mais tarde. eu quero o sal, quero o mar. eu quero o mundo colorido para me afogar. me salvar. eu quero encontrar o ser humano mais humano. quero encontrar o ser humano mais sensível. que não tenha medo do risonho, que não tenha medo do ridículo. na verdade, pra resumir tudo, tenho um único pedido: quero ao meu lado pessoas que não tenham receio de ser sempre impossível.

A VIDA É
FODA
MAS A VIDA É
BELA

NÃO SOFRA
COM A VIDA
FODA
COM ELA

CRACK

NO MEIO DO CAMINHO TINHA UMA

```
                                                                               CRACK CRACK CRACK CRACK CRACK CRACK
RACK CRACK CRACK CRACK          CRACK CRACK CRACK CRACK CRACK CRACK CRACK      CRACK CRACK CRACK CRACK CRACK CRACK
RACK CRACK CRACK CRACK          CRACK CRACK CRACK CRACK CRACK CRACK CRACK      CRACK CRACK CRACK CRACK CRACK CRACK
RACK CRACK CRACK CRACK          CRACK CRACK CRACK CRACK CRACK CRACK CRACK      CRACK CRACK CRACK CRACK CRACK CRACK
RACK CRACK CRACK CRACK          CRACK CRACK CRACK CRACK CRACK CRACK CRACK      CRACK CRACK CRACK CRACK CRACK CRACK
RACK CRACK CRACK CRACK          CRACK CRACK CRACK CRACK CRACK CRACK CRACK      CRACK CRACK CRACK CRACK CRACK CRACK
            CRACK CRACK                     CRACK CRACK             CRACK CRACK             CRACK CRACK
            CRACK CRACK                     CRACK CRACK             CRACK CRACK             CRACK CRACK
            CRACK CRACK                     CRACK CRACK             CRACK CRACK             CRACK CRACK
            CRACK CRACK                     CRACK CRACK             CRACK CRACK             CRACK CRACK
            CRACK CRACK                     CRACK CRACK             CRACK CRACK             CRACK CRACK
ACK CRACK CRACK CRACK                       CRACK CRACK             CRACK CRACK  CRACK CRACK CRACK CRACK CRACK CRACK
ACK CRACK CRACK CRACK                       CRACK CRACK             CRACK CRACK  CRACK CRACK CRACK CRACK CRACK CRACK
ACK CRACK CRACK CRACK                       CRACK CRACK             CRACK CRACK  CRACK CRACK CRACK CRACK CRACK CRACK
ACK CRACK CRACK CRACK                       CRACK CRACK             CRACK CRACK  CRACK CRACK CRACK CRACK CRACK CRACK
ACK CRACK CRACK CRACK                       CRACK CRACK             CRACK CRACK  CRACK CRACK CRACK CRACK CRACK CRACK
            CRACK CRACK                     CRACK CRACK             CRACK CRACK             CRACK CRACK
            CRACK CRACK                     CRACK CRACK             CRACK CRACK             CRACK CRACK
            CRACK CRACK                     CRACK CRACK             CRACK CRACK             CRACK CRACK
            CRACK CRACK                     CRACK CRACK             CRACK CRACK             CRACK CRACK
            CRACK CRACK                     CRACK CRACK             CRACK CRACK             CRACK CRACK
            CRACK CRACK          CRACK CRACK CRACK CRACK CRACK CRACK CRACK      CRACK CRACK
            CRACK CRACK          CRACK CRACK CRACK CRACK CRACK CRACK CRACK      CRACK CRACK
            CRACK CRACK          CRACK CRACK CRACK CRACK CRACK CRACK CRACK      CRACK CRACK
            CRACK CRACK          CRACK CRACK CRACK CRACK CRACK CRACK CRACK      CRACK CRACK
            CRACK CRACK          CRACK CRACK CRACK CRACK CRACK CRACK CRACK      CRACK CRACK
            CRACK CRACK          CRACK CRACK CRACK CRACK CRACK CRACK CRACK      CRACK CRACK
```

QUE A POESIA

QUE ME PARIU

NUNCA SE PERCA

DA (EST)ÉTICA

DE ONDE PARTIU

sobre o autor

RODRIGO CIRÍACO é educador e escritor, autor dos livros *Te Pego Lá Fora*, *100 Mágoas* e *Vendo Pó...esia!*. Participa há mais de 10 anos do movimento de saraus da periferia. É idealizador do projeto "Literatura (é) Possível", que desde 2006 desenvolve ações de incentivo à leitura, produção escrita e difusão literária em escolas públicas estaduais e municipais, com o "Sarauzim – Sarau dos Mesquiteiros". Foi autor convidado do Salão de Paris (2015 e 2013), FELIV – Festival do Livro e Literatura Infanto-Juvenil da Argelia (2014), 40ª Feira Internacional do Livro de Buenos Aires (2014), FLIP – Festa Literária Internacional de Paraty (2011), entre outros.

© Editora NÓS, 2016

Direção editorial SIMONE PAULINO
Projeto gráfico RODRIGO CIRÍACO, SILVANA MARTINS, BLOCO GRÁFICO
Assistente de design STEPHANIE Y. SHU
Revisão MARCELO LAIER
Produção gráfica ALEXANDRE FONSECA

2° reimpressão

Dados Internacionais de Catalogação na Publicação (CIP)
(Câmara Brasileira do Livro, SP, Brasil)

Ciríaco, Rodrigo
  Vendo pó...esia!: Rodrigo Ciríaco
  São Paulo: Editora Nós, 2016
  120 pp.

ISBN 978-85-69020-13-4

1. Poesia brasileira I. Título.

16-05758 / CDD-869.1

Índices para catálogo sistemático:
1. Poesia: Literatura brasileira 869.1

Todos os direitos desta edição
reservados à Editora Nós

Rua Francisco Leitão, 258 – sl. 18
Pinheiros, São Paulo SP | cep 05414-020
[55 11] 3567 3730 | www.editoranos.com.br

Fonte **Euclid**
Papel **Pólen soft 80 g/m²**
Impressão **Imprensa da Fé**